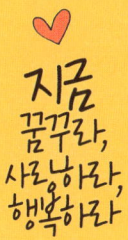

지금
꿈꾸라,
사랑하라,
행복하라

지금 꿈꾸라, 사랑하라, 행복하라

해피 바이러스 황중호의 희망 이야기

즐거서움

프롤로그

수도 없이 실패하고 마침내 대통령의 자리에 오른 링컨의 이야기는 너무도 유명하다. 나는 대학입시에 실패했고, 광고회사에 들어가기 전 방송국 시험에도 떨어졌다. 아마 성공한 일보다 크고 작은 실패의 경험이 더 많았던 것 같다.

광고회사에 다닐 때는 기업의 광고를 따내기 위해 다른 광고회사와 경쟁했다. 3번 중 1번만 성공해도 잘한다는 소리를 들었으니 70퍼센트 정도는 실패를 했다는 소리다.

그렇게 누구나 실패하며 사는 것이 인생이다. 대학 입학에 실패하고, 직장 생활에 실패하고, 결혼에 실패하기도 하지만 그것은 결코 실패가 아니라 과정에 불과하다.

아폴로 우주선이 달까지 가는 동안 수도 없이 궤도 수정을 했다고 한다. 처음 예상했던 궤도에서 90퍼센트나 멀어져 있었다는 얘기다. 나무도 자라는 동안 줄곧 곧게만 자라는 것이 아니지만 결국 하늘을 향해 높이 솟아오르는 건 매한가지다. 아폴로 우주선도 달 착륙이라는 최종목표를 잊지 않고 거듭 궤도를 수정하였기에 인류최초의 위대한 업적을 이룰 수 있었던 것이다.

단, 실패 따위에 결코 무릎 꿇지 않고, 실패하더라도 다시 도전할 때 이 모든 것이 가능했다는 것을 꼭 기억하기를 바란다.

나는 한 살에 아버지를 잃었고, 어린 시절 소아마비에 걸려 달리기도 할 수 없어 친구들에게 놀림을 받기도 했다. 초등학교 1학년 때의 일이다. 어찌나 가난했는지 학교에 입학하면서 처음으로 크레파스가 생겼다. 이 새 크레파스가 닳아 없어질까 애지중지하다 보니 미술시간에도 그림을 흐릿하게 그리고 말았다. 어려서부터 그림만큼은 누구보다 잘할 자신이 있었다. 크레파스가 아까워 살살 칠한 이유를 모르는 선생님은 내 그림을 번쩍 들더니 이렇게 말씀하셨다.

'너희들, 그림을 이렇게 그리면 안 된다. 칠을 하려면 제대로 칠해야 한다.'

억울한 마음에 눈물이 찔끔 나왔다. 그래서 다음부터 나는 크레파스를 힘차게 칠한 것은 물론 엄지손가락을 이용해 다양한 기법도 구사했다. 그 이후에는 초등학교 학년말 성적표마다 이런 평가가 꼭 따랐다.

'중환이는 그림을 대범하게 잘 그립니다.'

어린 시절에는 왜 나만 부모님이 안 계시고, 왜 나만 몸이 연약한지, 이를 원망하며 눈물을 흘린 적도 많았다. 그래도 아름다운 자연을 보며 그림을 그리고, 꿈을 꾸는 시간은 무척 행복했다. 석양에 지는 노을을 보며 저 멀리에는 어떤 세상이 있을까 '세계여행'을 꿈꾸기도 했다. 그래서 요즘도 여행을 좋아하는 모양이다.

어린 시절 나는 내게 주어진 재능으로 세상을 아름답게 만드는 일을 하고 싶다는 꿈을 꾸며 살았다. 그것이 만화가나 화가일 수도 있고, 시인일 수도 있고, 건축가일 수도 있고, 디자이너일 수도 있다고 생각했다. 그 중 디자이너도 되었고, 만화가와 교수도 되었으니 조금은 내 꿈을 이룬 셈이라 생각한다.

과거 내게 주어진 환경은, 비록 내 선택은 아니었다 하더라도, 남들보다 결코 좋지만은 않았다. 그렇지만 내게 다가오는 날들은 내가 선택할 수 있는 날들이기에 누구보다 좋은 날들로 만들겠다고 다짐했다.

살다 보니 누구나 몸과 마음의 상처를 입고, 고민하고 힘겨워하는 경우가 많다는 것을 알게 되었다. 누구에게나 감당할 수 있을 만큼의 행복과 괴로움이 주어진다고 믿는다. 어떤 마음으로 세상을 바라보느냐에 따라 그 상황이 달라지는 법이다.

언제나 나만 괴롭고 힘든 게 아니라는 것, 힘들다고 주저앉는 것이 아니라 내 삶의 에너지로 삼아야 한다는 것을 알게 되었다. 이 책을 읽는 모든 사람들, 자신이 처한 상황만 생각하지 말고, 다른 이의 마음과 상황을 따뜻하게 살피며 살았으면 좋겠다. 지나간 일 때문에 좌절하고 포기하기에는 앞으로 해야 할 일이 너무나 많다.

  아무리 힘든 일도 자고 나면 어제보다는 낫다. 늘 내일처럼 당신을 사랑하고, 친구를 사랑하고, 당신의 꿈을 사랑하기를. 그래서 어느 먼 훗날 또 다른 청춘에게 포기하지 말라고, 나도 살아왔다고 당당히 말할 수 있기를 기대하면서.

2012년 폭염 속에서
해피 바이러스 황중환

지금, 꿈꾸라

내가 좋아하는 일 … 14
꿈을 노트하라 … 17
진정한 여행 … 18
나를 위한 선물 … 20
준비된 자만이 희망의 문을 연다 … 22
한 권의 책이 인생을 바꾼다 … 25
떠나지 않으면 갈 수 없으니 … 26
마음 갤러리 … 28
공부하는 사람은 남의 탓을 하지 않는다 … 31
청춘은 봄이다 … 32
지금 좋아하는 일을 하라 … 34
마음 가는 대로 … 36
처음부터 하나씩 … 38
꿈꾸는 능력 … 41
긍정의 대보름별 … 42
포기는 또 다른 시작 … 45
새들의 불평 … 46
간절히 원하면 이루리라 … 49
준비하는 사람 … 51
다르게 바라보라 … 52
그냥 얻어지는 것은 없다 … 55
가르침의 열매 … 56

지금, 사랑하라

사랑에 겁먹지 마 … 62
내가 먼저 … 64
평범한 것이 가장 좋은 것 … 67
약속 … 68
두들겨야 단단해진다 … 70
낙심 금지 … 73
너를 대신할 사람 … 75
일어나요 그대 안의 거인 … 76
현실 앞에 당당하게 … 78
늙은 나무도 자란다 … 81
먼저 사랑하라 … 83
시련이 너를 단련한다 … 84
솔직함이 빛날 때 … 87
인생의 흔적 … 88
마음의 집 … 90
나를 아는 나 … 93
인생에 제자리는 없다 … 95
언젠가 밀물 때가 오리라 … 96
내가 사랑하는 사람 … 98
가시 뽑기 … 101
가끔은 생각을 비우고 … 103
외로움을 견디는 크기 … 104
네가 다시 일어서야 할 이유 … 108

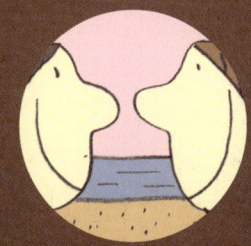

지금, 더불어

함께 가라 … 112
진정한 부자 … 114
감사의 마음을 전할 때 … 116
진짜를 보는 눈 … 121
진짜 실력 … 124
더불어 사는 세상 … 126
상식적인 삶 … 129
때로 어둠 속에서 사막을 건너는 그대에게 … 132
감동하는 것 … 134
친절한 웃음 … 136
이런 사람을 그대는 가졌는가 … 138
눈에 보이지 않는 것들 … 141
소박함에 대하여 … 144
척하는 삶 … 146
배려 … 148
마무리의 즐거움 … 150
우리는 모두 연결되어 있다 … 152
마음열기 … 154
어느 추운 날 … 156
세상을 보는 눈 … 158
느림의 미학 … 160
'욱!'이라는 이름의 뜨거운 차 … 163
성숙한 당신은 … 165
다르다고 틀린 것은 아니다 … 166

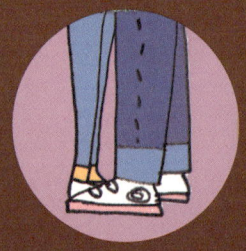

지금, 행복하라

웃음의 미학 … 170
희망의 파랑새 … 172
Be happy … 174
작은 생각 … 177
너만의 인생을 살아라 … 180
생각의 차이 … 182
마음으로 보기 … 184
별 … 186
지금이라는 의미 … 188
행복의 조건 … 190
HEAVEN … 192
마음 쓰기 … 195
네가 웃어야 거울도 웃는다 … 197
파란 하늘 아래서 … 198
걷다 보면 … 201
작고 소중한 일상들 … 207
진정한 성공이란 … 208
오늘은 쉬십시오 … 211
그럼에도 불구하고 … 212
나는 언제나 네 편 … 214

지금,
꿈꾸라

내가 좋아하는 일

중요한 것은 무슨 일을 하느냐가 아니라 얼마나 잘하느냐이다.
진정으로 행복을 느끼는 순간은
남의 기대에 따라 남이 좋아하는 일을 하는 것이 아니라
나를 위해 내가 좋아하는 일을 할 때이다.
인생에서 원하는 단 한 가지는 네 삶에 네 전부를 바치는 것이다.

Life's Work

꿈을 노트하라

꿈을 날짜와 함께 적어 놓으면 그것은 목표가 되고,
목표를 잘게 나누면 그것은 계획이 되며,
그 계획을 실행에 옮기면 꿈을 이루게 되는 것이다.

진정한 여행

진정한 여행이란 새로운 풍경을 찾는 것이 아니라,
새로운 눈을 가지는 것이다.
-마르셀 프루스트

익숙한 곳에서 새로운 것을 보는 것도 '여행'이고, 새로운 곳에서 익숙한 것을 발견하는 것도 '여행'이다. 여행은 삶을 고여있지 않게 만든다. 늘 새롭고 싶다면 삶을 여행하듯 살아라.

나를 위한 선물

스스로에게 다짐하거나 약속한 일을 해냈을 때
스스로에게 작은 선물을 주자.
남이 주는 선물보다 스스로에게 주는 상이야말로
가장 소중하고 값진 것이다.

준비된 자만이 희망의 문을 연다

이솝 우화에 다음과 같은 이야기가 있다.

두 사람의 나무꾼이 하루 종일 장작을 패고 있었다. A는 쉬지도 않고 하루 종일 묵묵히 장작을 패는 일에만 몰두했다. 저녁이 되자 겨우 A 앞에 새로운 장작더미가 쌓였다.

하지만 B는 틈틈이 쉬면서 일을 했다. 그런데도 B 앞에는 더 많은 장작더미가 놓여 있었다. A는 놀라서 B에게 물었다.

"나는 쉬지도 않고 열심히 장작만 팼는데, 당신이 어떻게 나보다 더 많은 장작을 가질 수 있소?"

"그럴 수밖에요. 나는 쉬는 틈틈이 도끼날을 갈았지요."

남들보다 앞서 가고, 높은 곳에 있는 사람은 평소에도 자신의 꿈을 준비하는 사람이다. 희망은 준비된 자에게만 그 문을 열어주는 것이다.

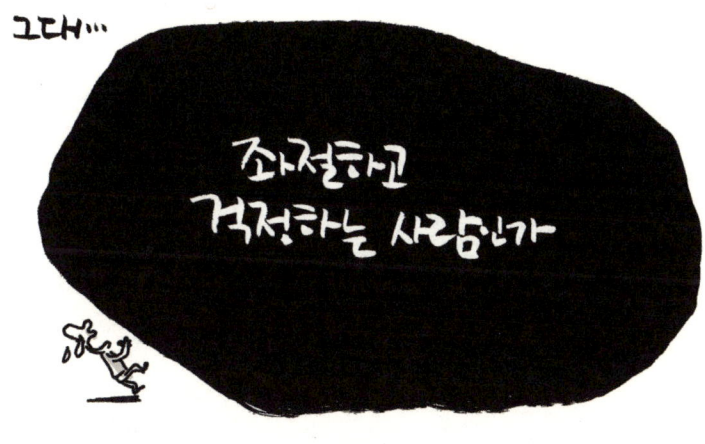

한 권의 책이 인생을 바꾼다

책이란 우리 내면의 얼어붙은 바다를 깨는 도끼여야 하네.
―카프카

아무리 많은 글을 읽고 외워도
그 뜻을 바로 알고 실천하지 못하면
그게 무슨 필요가 있겠니?
단 한 마디의 말, 단 한 구절의 가르침만 알아도
그대로 행하면 큰 깨달음을 얻은 것이다.

떠나지 않으면 갈 수 없으니

가지 않으면 이르지 못하고 하지 않으면 이루지 못한다.
아무리 가깝게 있어도 내가 팔을 뻗지 않으면
결코 원하는 것을 잡을 수 없는 것이다.
-노자

시도하지 않으면 아무 것도 얻을 수 없다.
성공은 시작한 사람에게 찾아오는 '선물'이다.

마음 갤러리

만약 우리들 인생이 커다란 마음 갤러리라면,
행복이라는 액자를 많이 거는 사람이
좋은 화가가 되는 것이겠지.
삶의 순간을 행복한 마음으로 채우며 살아가자.

'캘린더'라는 말의 어원은 '재미있는 기록'이라고 한다.
순간을 행복하고 재미있는 기록으로 채우며 살아가자.

공부하는 사람은 남의 탓을 하지 않는다

스페인 카탈로니아의 소도시 벤드렐에서 태어난 명 첼리스트 파블로 카잘스. 교회 오르가니스트의 아들로 태어나 어릴 때부터 피아노, 바이올린, 오르간을 배웠다. 11세 때 첼로의 매력에 사로잡혀, 바르셀로나 시립 음악학교에 입학해 이 악기의 공부에 몰두했다. 어느 날 헌 책방에서 먼지를 뒤집어쓴 바하의 《무반주 첼로 모음곡》의 악보를 발견한 소년 카잘스는 그 후 10여 년에 걸쳐 이 작품의 연주에 몰두했고, 드디어 전곡 연주라는 획기적인 위업을 이룰 수 있었다.

이런 카잘스도 첼로를 시작한 이래 한 번도 연습을 빼먹은 적이 없다고 한다. 이를 궁금히 여긴 사람들이 그에게 물었다.

"선생님은 최고의 첼리스트로 꼽히는데 아직도 하루에 여섯 시간씩 꼭 연습을 하시는 이유가 무엇입니까?"

"지금도 내가 발전하고 있다고 생각하기 때문입니다. 연습과 공부야말로 지금의 나를 있게 한 요인입니다."

우리 옛말에 '잘 되면 제 탓, 못 되면 조상 탓'이라는 말이 있다. 핑계를 일삼는 사람들을 두고 하는 말이다. 자기가 원하는 무엇이 되기 위해 끊임없이 연습하고, 공부하는 사람은 절대 남의 탓을 하지 않는다.

청춘은 봄이다

청춘은 여름이 아니라 봄이다.
봄은 그 자체로 사랑스럽다.
하지만 너무 짧아서 아쉽다.
꼭 청춘처럼.

청춘은 아직 자라지 않은 여린 나무와 같아서 덩치만 컸지 마음은 여리기만 하다. 청춘이 가난한 것은 부끄러운 일이 아니고, 청춘이 실패하는 것도 부끄러운 일이 아니다. 그러니 청춘은 이런 저런 경험을 통해 단단해지는 법이다. 누구나 나이가 들어갈수록 크든 작든 실패와 상처를 안고 사는 법이다. 대신 꿈이 있는 청춘과 그렇지 않은 청춘은 많이 다른 법이다. 구체적인 꿈이건 몽상가의 꿈이건 꿈을 꾸어야 한다. 그래야 진짜 청춘 아닌가.

지금 좋아하는 일을 하라

어떠한 일도 과거 속에서 일어날 수는 없다.
과거의 일도 지금 속에서 일어난 것이다.
어떠한 일도 미래 속에서 일어날 수는 없다.
미래의 일도 지금 속에서 일어날 것이다.

지나간 시간도, 오지 않은 시간도 행복한 것이 아니다. 지금 행복해야 진정으로 행복한 것이다. 지금 행복한 일도 없는데 어떻게 행복하냐고 물을 수도 있다. 지금 내가 하고 있는 일, 지금 내가 만나고 있는 사람, 바로 지금 여기에 몰입하는 것이 가장 행복해지는 길이다. 행복하게 하는 일이 무엇일지는 잘 모르겠지만 분명한 것 몇 가지는 안다. 지나친 명예나 돈을 쫓는 일, 지나치게 결과만을 바라보며 사는 일, 타인의 시선에 나를 맞춰 살아가는 일들은 우리를 병들게 한다는 것이다.

돈을 많이 번 사람이나 학식을 많이 쌓은 사람치고 돈과 명예만을 쫓은 사람은 드물다. 일이 좋아 열심히 하다 보니 자연스레 돈이 따라온 경우가 훨씬 많다. 2,174억 원으로 연예인 주식부자 1위라고 알려진 YG패밀리의 양현석 대표는 기자들의 질문에 이렇게 답했다.

"좋아하는 일, 잘 할 수 있는 일 외엔 눈길 한 번 주지 않았다. 결혼하기 전까진 퇴근해 집에 가면 쓰러져 자고, 다시 눈뜨면 일했던 기억뿐이다. 내가 할 줄 알고 유일하게 좋아하는 일이었기에 행복했다. 머리 관리하는 시간조차 아까워 머리를 잘 안 감았다. 대신 모자를 썼다. 그 시간에 사무실에서 프로듀서, 가수를 만나 좋은 콘텐츠를 만들기 위해 연구하는 게 더 좋았다."

마음 가는 대로

어떤 사람이 지옥에 떨어졌다. 다시 세상에 나갈 수도 있다는 말을 듣고 한참을 생각하더니 염라대왕에게 말했다.
"대왕께서 저를 이승으로 다시 보내주신다 해도 저의 요구 조건을 들어주지 않으면 가지 않겠습니다."
당돌한 그의 말에 염라대왕은 요구 조건이 무엇이냐고 물었다. 그러자 사나이는 숨김없이 자신의 요구 조건을 나열했다.
"먼저 갑부의 집에서 태어나지 않으면 가지 않겠습니다. 둘째는 집 주위

에 수백만 평의 땅과 온갖 고기가 뛰노는 연못이 있어야 되고, 수많은 과일과 아름답고 마음씨 고운 아내 그리고 첩들이 없으면 가지 않겠습니다. 마지막으로는 제 자신이 최고의 지위에 올라 부와 명예를 실컷 누리고 백세까지 장수하지 않으면 가지 않겠습니다."
그 말을 들은 염라대왕은 깜짝 놀라며 다음과 같이 말했다.
"그놈 참 욕심도 지나치구나. 인간 세상에 그런 사람이 있다면 내가 다시 세상으로 나가 그런 사람이 되지, 어찌 너를 내보내겠느냐."
염라대왕의 말처럼 그가 욕심이 많은지도 모르겠다. 하지만 지옥에 가서까지도 자신이 살고 싶은 인생을 당당하게 말하는 그가 부럽기도 하다.
무엇이 되었든 '마음 가는 대로' 살아라. 그래야 나중에 후회가 없다.

처음부터 하나씩

미래에 확실한 것이라고는 아무 것도 없다.
오로지 꿈이라는 재료로 만들어진 가상공간이다.
소설가가 상상하여 이야기를 만들어내듯이
너도 너 자신의 미래를 꿈으로 버무려 만들어라.
빈부격차보다 무서운 건 꿈의 격차이다.
꿈조차 꾸지 못하는 사람들이 주위에 많다.
꿈은 지금 당신이 가지고 있는 스펙이 아니라,
할 수 있다는 자신감으로 결정된다.
처음부터 큰 것보다는 작은 목표들을 하나씩 단계적으로 이루어내라.
작은 것이 모여 큰 꿈이 된다.
작은 성취는 나아가게 하는 에너지다.

내가 호텔 종업원으로 일할 때
나보다 뛰어난 사람은 얼마든지 있었어요.
하지만 그들은 나처럼 하루도 빠짐없이
자신의 미래를 생생하게 그리지는 않았어요.
노력이나 재능보다 훨씬 중요한 것은 성공을 꿈꾸는 능력입니다.
-호텔왕, 콘래드 힐튼

꿈꾸는 능력

꿈꾸지 않으면 이룰 수 없다.
내가 젊은 시절 꿈꾸었던 것들이
지금 하나 둘씩 이루어진 것이 신기하다.
간절히 원하던 것이 이루어질 때 "꿈만 같다"고 표현하는 것 보면
그만큼 꿈은 달콤하고 좋은 것이다.

포기는 또 다른 시작

'하늘 날아다니기'
초등학교 때 한 친구가 장래희망을 이렇게 썼다가 선생님께 혼이 난 적이 있었다. 선생님이 비행사가 되고 싶은 것이냐고 물었는데 아니라고 했다. 그 친구의 꿈은 정말 스스로의 힘으로 하늘을 날고 싶은 것이었는지도 모른다.
아이들에게 '너희는 무엇이든 될 수 있다'고 말하지만 사실 할 수 있는 것보다 할 수 없는 일들이 훨씬 많다. 돌고래나 물고기처럼 물속을 마음대로 헤엄치지도 못할 뿐더러 새처럼 하늘을 날 수도 없다. 노력해도 안 되는 일이 있다는 것을 인정하고 내가 잘 할 수 있는 일에서 꿈을 키우면 된다.
하고 싶은 일을 포기하는 것은 괴로운 일이지만, 포기하는 순간 새로운 시작을 뜻한다는 것을 결코 잊지 말 것. 무언가를 포기해야만 또 다른 하나를 얻을 수 있는 법이다.

새들의 불평

이스라엘의 동화 중 '새들의 불평'이라는 것이 있다.
하늘이 열리던 날, 창조주는 각양각색의 동물을 만들어 산과 들과 바다로 내려 보냈다. 새들은 입술을 뾰로통하니 내밀고 저마다 볼멘 목소리로 불평을 늘어놓기 시작했다.
"다른 동물들에게는 튼튼한 다리를 주시면서 왜 우리에게는 이렇게 가느다란 다리를 주신겁니까? 그리고 양 어깨에 '날개'라는 무거운 짐을 매달아 주시는 것은 무슨 이유입니까?"
창조자는 빙그레 웃으며 새들에게 말했다.
"너희들이 무거운 짐으로 생각하는 양 날개를 활짝 펴보아라."
독수리가 맨 먼저 거추장스러운 짐으로 여겼던 커다란 날개를 활짝 펴 힘껏 움직여 보았다. 그 순간 독수리의 몸은 깃털처럼 가벼워지며 창공을 날고 있었다. 새들의 양 어깨에 붙어 있던 것은 힘든 '짐'이 아니라 창공을 마음껏 가를 수 있는 힘찬 '날개'였던 것이다.

우리는 무거운 짐을 지고 살아간다. '등이 휠 것 같은 삶의 무게여'라는 가사도 있다. 내가 책임져야 할 가족과 도움을 필요로 하는 친구들, 나에게 주어진 과중한 업무와 기대. 이 거추장스러운 짐들이 사실은 '내 인생의 날개'일 수도 있다.

날개

때로는 삶의 무게
때로는 날게 하는 힘

간절히 원하면 이루리라

"자네가 무언가를 간절히 원할 때,
온 우주는 자네의 소망이 실현되도록 도와준다네."
– 파엘로 코엘료, 《연금술사》 중에서

간절히 원하면 반드시 이루어진다.
중요한 건 그 간절함을 끝까지 유지할 수 있느냐다.

준비하는 사람

국내 굴지의 대기업 과장에서 몇 년만에 이사까지 오른 사람이 있다. 젊고 유능하고 똑똑하고 자기관리에 철저한 사람이었다.

그는 "인생이라는 것이 내가 원하고 쫓아다닌다고 이루어지는 것이 아니다. 어떨 때는 마음을 비우고 포기하면 전혀 예상치 못한 다른 것이 이루어지기도 하더라"고 얘기했다.

특히 그의 말 중에 "우리 회사는 앞으로 〈뉴욕타임스〉에 기사가 실릴 것을 준비하고 있다"는 말이 인상적이었다. 마음을 비운다는 것이 포기하는 것이 아니라 더 열심히 준비하고 있다는 것을 말하고 있다.

'꼭 이뤄야 해!' '이 길이 최선이야!' 생각했던 것들이 때로는 넘어지고 부딪히면서 실패할 때가 있다. 그런데 놀라운 것은 실패하는 순간 새로운 길이 열린다는 것이다. '한 쪽 문이 닫히면 다른 쪽 문이 열린다'는 것은 빈 말이 아니다.

다르게 바라보라

예전 과학잡지에 과학자 이야기를 연재했던 적이 있다. 그 중에서 가장 기억에 남는 과학자가 있다.

전문 봉고 연주자, 아마추어 화가, 미국에서 아인슈타인보다 더 유명한 물리학자, 넥타이와 양복이 아닌 청바지를 즐겨 입던 교수, 장난꾸러기, 죽는 순간까지 농담을 즐겼던 낙천주의자, 심지어 여자들에게 멋있어 보이려고 술집에서 싸움을 하다가 눈에 퍼렇게 멍이 들기까지 했던 괴짜. 바로 1965년 노벨 물리학상 수상자인 파인만이다.

파인만의 아버지는 평범한 외판원이었지만 아들에게 사물의 겉모습보다는 이치를 깨닫는 것이 중요하고, 명칭을 외는 것보다 본질을 보려 노력하는 데 시간을 보내라고 늘 강조했다고 한다. 그래서인지 파인만은 학문에서 중요한 것이 규칙이나 공식이 아니라, 생각하는 즐거움이라는 사실을 깨달았다.

이따금 시간을 낭비하자. 낭비하는 듯 보이는 즐거움 속에 진짜 아이디어가 번뜩하고 떠오를 것이다.

그냥 얻어지는 것은 없다

《행복한 왕자》와 《도리언 그레이 초상》으로 잘 알려진 영국의 시인이자 극작가인 오스카 와일드는 '예술을 위한 예술'을 신조로 하는 탐미주의를 주장하고 미국으로 건너가 영국 문예부흥과 신이교주의 찬양에 대한 강연으로 대성공을 거두었다. 어느 날 해질 무렵, 그를 존경하는 사람이 찾아와 그에게 웃으며 물었다.
"오늘도 잘 지내셨겠지요?"
그러자 오스카 와일드는 시큰둥하게 말했다.
"웬걸요, 오전 내내 시를 쓴다고 썼는데 쉼표 하나를 지우느라 시간을 다 보냈지 뭡니까?"
글 쓰는 어려움을 잘 모르는 그 사람은 오스카 와일드의 말을 이상하게 생각해 다시 물었다.
"아니, 오전을 그렇게 보내셨다면 오후에는 어떻게 보내셨습니까?"
"오전 내내 끙끙거리며 지웠던 쉼표를 다시 살리느라 시간을 다 보냈지요."

쉼표 하나를 그리는 데 반나절이 걸릴 정도로 위대한 예술가는 자신의 작품에 온 힘을 기울인다. 성공은 겉으로는 화려해 보이지만 그냥 이루어지는 것은 아니다.

가르침의 열매

아무리 곱고 아름다운 꽃이라도
향기 없는 꽃이 있듯이
아무리 좋은 가르침이라도
스스로 실천하지 않으면
열매를 맺지 않는다.

지금,
사랑하라

사랑에 겁먹지 마

헤이, 쥬드. 나쁘게 생각하지 마.
슬픈 노래를 좋게 불러 보자구. 그녀를 너의 마음속에 끌어들이는 거야. 그러면 잘 되어 갈 거야.
두려워하지 마, 쥬드. 나가서 그녀를 잡아.
그녀를 꼭 붙잡은 그때부터 좋아지기 시작하는 거야. (사랑의) 고통을 느낀다면 애써 태연한 척하지 마. 세계를 짊어져서는 안 돼. 자기의 세계를 조금 차갑게 보고 잘난 척하는 녀석이 있지만 그건 바보야.

헤이, 쥬드. 그녀를 발견했다면 너의 것으로 만들어.
나쁘게 생각하지 말아. 슬픈 노래도 좋게 불러야지. 그녀를 단단히 너의 것으로 만드는 거야. 그러면 잘 되기 시작할 거야. 잘 될 거야. 잘 될 거야.

비틀즈라는 유명한 그룹의 노래 중에 '헤이 쥬드Hey Jude'라는 노래가 있다. 쥬드는 비틀즈의 멤버 존 레논의 아들 이름이다. 동서양을 막론하고 사랑이 찾아온 아이들은 예민하고 소심한 모양이다.
나는 내게 찾아온 첫사랑을 잘 지켜 결혼했다. 사랑이 찾아온다면, 그게 언제이든 피하거나 겁먹지 말았으면 좋겠다. 당당히 그녀 앞에 나서서 당신을 보여주면 좋겠다.

내가 먼저

먼저 친근한 미소를 짓고,
먼저 고개를 끄덕이고,
먼저 말하고,
먼저 용서하자.

평범한 것이 가장 좋은 것

상식적인 삶이 가장 위대한 삶이며,
평범한 것이 가장 좋은 것이다.
억지로 모든 것을 잘하려고 하지 마라.

약속

다른 사람과 한 약속을 지키는 것도 중요하지만
자기 자신과 한 약속을 지키는 것이 더 중요하다.
세상과 타협하는 것도 위험하지만
자기 자신과 타협하는 것이 가장 위험하다.

두들겨야 단단해진다

세계적 베스트셀러 《바람과 함께 사라지다》는 출판사 서른 두 곳에서 거절당했던 작품이다. 《백 년 동안의 고독》의 저자 마르케스도 처참한 거절의 경험을 수도 없이 겪었다. 우리나라에서도 지난 IMF 당시 대 히트를 쳤던 《아버지》라는 소설 역시 수많은 출판사에서 거절을 당했던 작품이다. 거절당해도 절망하지 않는 것, 그것이 베스트셀러를 낸 작가들의 공통점이다.

《백 년 동안의 고독》이 대성공을 이룬 후 마르케스는 이런 말을 남겼다.
"이 자리에서 최고의 명예를 누리기까지, 저는 좌절과 실패를 무수히 겪었습니다. 저의 작품을 단호하게 거절했던 그때 그 출판사들을 고맙게 생각합니다. 그 무정하고 단호한 거절이 저에게 가장 큰 약이 되었기 때문입니다."

젊다는 것만큼 거절당하기 좋은 시절도 없다. 하지만 인생이 모두 한 방에 해결된다면 그것도 재미없지 않을까. 두들겨야 더 단단해지는 강철처럼 언제나 네 자신을 믿어라. 시련은 결국 너를 더 강하게 만들 것이다.

낙심 금지

바닥이라고 생각한 순간
다시 뛰어 오를 수 있다.
'절망'이라고 생각한 곳이
곧 '희망'이 다시 싹트는 지점이다.
이제는 위로 오를 일만 남았다.

너를 대신할 사람

"절대 아무 것도 배우지 마라.
배우지 않으면,
대신해줄 사람이 언제든 나타날 테니"
마크 트웨인이 어머니에게서 들었다는 농담이다.

누구나 할 수 있는 일이 아니라
나만이 할 수 있는 일을 계발해야 한다.
언제든 대체 가능한 사람이 아니라
내가 아니면 안되는 능력을 가져야 한다는 것이다.
세상은 네가 가진 그 한 가지의 재능을 인정할 것이다.

현실 앞에 당당하게

'스톡데일 패러독스'라는 말이 있다. 《좋은 기업을 넘어 위대한 기업으로》라는 책에서 나온 말로, 베트남 전쟁에서 8년간 포로수용소에서 온갖 고난을 겪고도 살아 돌아온 미국의 장교 짐 스톡데일의 일화에서 비롯되었다.

어느 날 책의 저자인 짐 콜린스가 스톡데일 장군을 찾아가 물었다.
"수용소 생활을 견디지 못한 사람들은 어떤 사람들이었습니까?"
"아, 그건 간단하지요. 낙관적인 사람들이었습니다."
장군의 말을 이해할 수 없었던 콜린스가 무슨 뜻인지 물었다.
"그러니까 그게 말입니다. 낙관주의자들은 크리스마스가 오면 나갈 거야, 하고 말했습니다. 그러다 크리스마스가 지나가면 다시 부활절이 오면 나갈 거야, 하고 생각합니다. 그렇게 부활절이 지나가고 다시 추수감사절을 기다립니다. 추수감사절도 그렇게 지나가고 다시 크리스마스를 기다립니다. 그렇게 기대와 상심을 반복하다 죽어 가는 거죠. 이건 매우 중요한 교훈입니다. 결국에는 성공하리라는 믿음, 결코 실패할 리가 없다는 믿음도 중요합니다. 하지만 그게 무엇이든 눈앞에 닥친 현실 속의 가장 냉혹한 사실을 직시하는 판단력과 결코 혼동해서는 안 됩니다."

'목표는 최고를 지향하되 계획은 최악을 가정하라.'

스톡데일 패러독스는 바로 이런 상황을 설명하는 말이다. 살다보면 이런 일들이 종종 발생할 수 있다. 좋은 성적이 안 나오면 다음 시험에는 좋을 거야 하고, 다이어트 중에 열심히 먹고는 다음엔 꼭 성공할 거야 하고 생각한다면, 결코 너는 성공 할 수 없을 것이다.

물론 실패가 두려워 포기해서는 안 된다. 하지만 성공하리라는 믿음을 잃지 않는 동시에 눈앞의 냉혹한 현실과 당당하게 맞설 수 있어야 한다. 이런 마음으로 확실하게 계획을 짜고 실천한다면, 너는 네가 가고자 하는 곳이 어디든 누구보다 빨리 오를 수 있을 것이다.

늙은 나무도 자란다

"삶에 있어 최상의 행복은 우리가 사랑받고 있다는 확신이다"
-빅토르 위고

먼저 사랑하라

사랑받고 있다는 걸 알지 못하면,
다른 사람을 사랑할 수가 없다.
먼저 자신을 사랑하라.
그러면 다른 사람에게도 눈길이 가는 것을
느낄 수 있을 것이다.

시련이 너를 단련한다

700년 전 영국의 스코틀랜드와 잉글랜드는 오랫동안 전쟁을 치르고 있었다. 싸움을 할 때마다 잉글랜드가 승리했다. 스코틀랜드의 왕인 로버트 브루스는 기가 막혔다. 도대체 이유를 알 수가 없었다. 왕은 용맹할 뿐 아니라 백성을 잘 다스려 신하들의 신임을 한 몸에 받고 있었는데, 전쟁을 치르기만 하면 패하니 기가 막힐 노릇이었다.

그러나 포기할 수 없었다. 잉글랜드를 이기지 않고서는 나라를 유지할 수가 없었기 때문이다. 왕은 최후의 일전을 준비했다. 잉글랜드와 여섯 번째 싸움이었다. 왕은 이 전투가 마지막이라 생각하고, 전투 준비를 철저히 했다.

드디어 결전의 날이 밝았고 잉글랜드 군사들이 쳐들어와 전투가 시작되었다. 밀고 밀리는 싸움이 계속되었다. 그러나 결국 그는 홀몸으로 도망을 칠 수밖에 없는 신세가 되었다.

간신히 산속으로 피신한 그는 죽고 싶었다. 부하를 잃고 도망치는 자신의 처지가 처량하기 짝이 없었다. 피곤한 몸을 이끌고 깊은 골짜기로 들어가는데 갑자기 비가 내렸다. 할 수 없이 다 쓰려져 가는 오두막을 찾아 털썩 주저앉고 말았다.

'내 대에 와서 집안이 망하다니 어찌 선왕들을 뵐 수가 있단 말인가. 이제

모든 것이 끝이다. 자결로 속죄를 할 수밖에 없다.'

그렇게 결심을 하고 벌떡 일어섰다. 그때 마침 처마 끝에 매달려 집을 짓고 있는 거미 한 마리가 그의 눈에 들어왔다.

거미는 바람이 몹시 거세게 불어 집을 지을 수가 없었다. 그래도 포기하지 않고 계속 시도하고 있었다. 마침내 거미가 집을 짓는 데 성공했다. 그 모습을 본 그는 무릎을 탁 쳤다.

'그래. 하잘 것 없는 미물인 거미도 저렇게 일어서는데 이만한 일로 포기할 수는 없다.'

그 길로 산 속을 빠져 나온 그는 나머지 병사를 몰고 가 방심하고 있던 잉글랜드 병사를 대파할 수 있었다. 그리고 스코틀랜드의 해방자, 영웅이 되었다.

살다보면 마음먹은 대로 잘 되지 않을 때가 많다. 하지만 그렇다고 포기하지도 마음 아파하지도 말았으면 좋겠다. 세상은 그렇게 너를 단련할 것이고, 그런 후에야 네가 원하는 것을 줄 것이다.

솔직함이 빛날 때

사람들과 대화하면서 우리는 '솔직히'라는 말을 자주 쓰곤 한다. '솔직히'는 너와의 거리를 좁혀주고 서로의 마음을 여는 편안한 단어이기는 하지만 뭔가 불편한 구석이 숨어있기도 하다.

문제는 과도한 솔직함에서 나온다. 물론 대부분의 사람들은 '솔직한' 사람을 좋아하고 스스로 솔직한 모습을 보이려 애를 쓴다. 또 '솔직함'은 인간의 마음을 끌어내는 중요한 본성이기도 하다.

그것이 남을 '비난'하기 위해 사용되기 시작하면 그건 '솔직'이 아니라 '끔찍'이 되기 십상이다. 그래서 솔직함이라는 무기는 자신을 향해 있을 때 더욱 빛이 난다. 스스로를 바보로 만들면서까지 솔직해지는 건 아무나 할 수 있는 게 아니니까.

인생의 흔적

가끔 가던 길을 멈추고 연필을 깎아야 한다.
당장은 아파도 심을 더 예리하게 쓸 수 있다.
실수를 지울 수 있는 지우개가 달려있다.
잘못된 걸 바로잡는 건 부끄러운 일이 아니다.
연필에서 중요한 것은
외피를 감싸는 나무가 아니라 그 안에 든 심이다.
연필의 마지막 특징
연필은 항상 흔적을 남긴다.
네가 살면서 행하는 일 역시 흔적을 남긴다.

- 파울로 코엘료의 《흐르는 강물처럼》 중에서

언젠가 내 인생의 '자서전'을 쓴다면 어떤 글들로 채울 수 있을까? 지금 살아가는 모습이 훗날 쓰여질 자서전에 기록된다면 좀 더 부끄러움 없이 살아야 하지 않을까.

절망하지 마라.
비록 그대의 모든 형편이
절망할 수 밖에 없다 하더라도
절망하지 마라.
이미 일이 끝장난 듯 싶어도
결국은 또다시 새로운 힘이 생기게 된다.
  -카프카

마음의 집

누구나 마음속에 집을 짓고 산다. 그게 큰 집인지, 작은 집인지, 창이 있는 집인지, 창이 없는 집인지, 부서진 집인지, 오래된 집인지, 깨끗하게 칠한 새 집인지…. 마음속 집의 크기는 집을 지은 사람만이 안다.
우리가 잊지 말아야 할 것은 시시때때로 깎아 주고, 매일 매일 닦아야 하는 것이 손톱이나 발톱만은 아니라는 것이다.
마음도 언제나 깎아 주고 다듬어줘야 한다. 다행인 것은 이 마음이라는 것이 한 번 늘어났다고 다시 줄어들지 않는 것도 아니고, 줄어들었다고 늘어나지 않는 것도 아니다.

고드름

봄이 오려나 보다.
날카롭게 얼어 있던 마음이
스르르르 녹는 걸 보니.

나를 아는 나

자신을 아끼지 않는 사람이 남을 아낄 수 있을까. 자신의 겉모습과 드러내는 모습만 아끼는 사람은 자신을 아끼는 것이 아니라 남의 시선을 아끼는 사람이다. 진정으로 자신을 아끼는 사람은 자신의 내면을 키우고 아낄 줄 아는 사람이다. 자신 내면의 깊이와 폭을 키우고 아낄 줄 아는 사람만이 남도 아낄 수 있다.

세상에서 가장 멋진 사람은 어떤 사람일까? 바로 누가 알아주거나 알아주지 않거나 자신이 처한 상황에서 최선을 다하는 사람들이 아닐까. 반대로 세상에서 가장 불행한 사람은 남과 비교하는 사람이다. 돈에 대한 지나친 욕심도, 물건에 대한 지나친 욕심도, 미움이나 증오도 따지고 보면 다 남과 자신을 비교하기 때문에 생기는 것이다.

남들의 시선에 연연해하지 말고 나의 내면에 시선을 맞춰보자. 당당하고 멋진 사람은 나를 제대로 아는 사람이다.

음식을 기다리는 순간처럼
내일은 어떤 행복한 일들이
기다리고 있을까
상상해 봐

인생에 제자리는 없다

미국 로키산맥 해발 3천 미터 높이에 수목한계선인 지대가 있습니다. 이 지대의 나무들은 매서운 바람으로 인해 곧게 자라지 못하고 '무릎을 꿇고 있는 모습'을 한 채 있어야 합니다. 이 나무들은 열악한 조건이지만 생존을 위해 무서운 인내를 발휘하며 지냅니다.

그런데 세계적으로 가장 공명이 잘되는 명품 바이올린은 바로 이 '무릎을 꿇고 있는 나무'로 만든다고 합니다. 아름다운 영혼을 갖고 인생의 절묘한 선율을 내는 사람은 아무런 고난 없이 좋은 조건에서 살아온 사람이 아니라 온갖 역경과 아픔을 겪어온 사람입니다.

-여운학의 〈지혜로 여는 아침〉 중에서

지금 혹시 사는 것이 죽을 것처럼 힘이 드는가. 그렇다면 명품 바이올린의 나무처럼 타인에게 감동을 주는 삶을 살기 위해 잠시 무릎을 꿇고 있다고 생각하라. 인생은 제자리라는 게 없다. 늘 지금과 같은 일도 없다. 돌아갈지언정 포기하지 말자. 포기는 배추를 세는 데만 쓰는 말이라고 생각하자.

언젠가 밀물 때가 오리라

강철왕 카네기는 자신의 사무실 한쪽에 낡은 그림 하나를 일평생 걸어 놓고 살았다. 모래사장에 배 한 척이 놓여 있는 그림이었는데 그 배에는 노가 걸쳐져 있었다. 그리고 그림 밑에는 이렇게 쓰여 있었다.

'밀물 때가 오리라'

지금은 힘들어도 언젠가 밀물 때가 오리라. 삶이 행복과 불행, 기쁨과 슬픔, 행운과 고난의 연속 드라마인 것을 안다면 미리 걱정할 필요도 없고, 미리 절망하거나 낙담할 필요도 없다.

'삶은 절망의 저편에서 시작된다'는 장 폴 샤르트르의 말과 함께 내 인생의 썰물이 되었을 때 기다리다 보면 언젠가는 밀물이 오리라는 긍정적인 마음을 잊지 말자.

그것 보세요. 비와 태풍은
지나갔잖아요.

내가 사랑하는 사람

나는 그늘이 없는 사람을 사랑하지 않는다.
나는 그늘을 사랑하지 않는 사람을 사랑하지 않는다.
나는 한 그루 나무의 그늘이 된 사람을 사랑한다.
햇빛도 그늘이 있어야 맑고 눈이 부시다.
나무 그늘에 앉아
나뭇잎 사이로 반짝이는 햇살을 바라보면
세상은 그 얼마나 아름다운가.

-정호승 〈내가 사랑하는 사람〉 중에서

당연한 말이지만 어둠이 있어 밝음이 더욱 빛난다.
삶의 아픈 기억을 너무 오래 간직하지 말자.
아프니까 청춘이고, 그늘이 있기에 다른 사람을
더 잘 이해할 수 있는 법이니까.

물이 얕아도

종이배쯤은

띄우겠지만

물이 깊어야

큰 배가 뜬다.

가시 뽑기

'나는 외로워요.' '언젠가 잘못을 저질렀어요.' '엄마에게 거짓말을 했어요.' 우리 마음엔 '가시 고백'들이 박혀있다. 부끄러워서, 혼날까봐, 흉볼까봐 털어놓지 못하는 고백들이다. 빨리 뽑지 않으면 곪는다. 마음 속 상처는 잘 아물지 않으며 자주 덧난다. 스스로 털어놓으려면 너무 많은 시간이 걸릴지 모른다. 우리는 아픈 그 마음을 어루만져 줌으로써 스스로 가시를 빼낼 수 있도록 도와줘야 한다. 그러나 누구도 외과 의사처럼 타인의 몸속으로 들어가 가시를 뽑아줄 수는 없다.

-김려령, 《가시고백》 중에서

내 안에 박힌 가시는 내가 뽑아야 한다. 누구에게 받은 상처든 그건 내 스스로가 만든 것이다. 가시는 빨리 뽑을수록 좋다.

11월의
나무에게 배웁니다

비워야 채움을.
그렇게 성장하는 것을.

가끔은 생각을 비우고

낮은 곳에 있어봐야 높은 데가 위험하다는 것을 알게 되고,
어둠 속에 있어봐야 햇빛이 눈부심을 알게 되며,
고요함에 빠져봐야 바삐 움직이는 게 번잡함을 알게 되고,
침묵을 즐겨봐야 말 많음이 시끄러운 것임을 알게 된다.
-〈채근담〉중에서

생각은 물길과 같아 한 번 이어지면 끊어질 줄 모른다.
좋은 생각이야 그나마 다행이지만
어지러운 생각은 나를 병들게 한다.
혼자만의 시간을 가지자.
가끔은 생각이 끊어져야 더 높이 뛰어오를 수 있다.

외로움을 견디는 크기

큰 소리에 놀라지 않는 사자와 같이
그물에 걸리지 않은 바람과 같이
흙탕물에 더럽혀지지 않는 연꽃과 같이
무소의 뿔처럼 혼자서 가라.

불교 최초의 경전인 《숫타니파타》에 나오는 말이다. 친구나 주위 사람들을 너무 좋아하게 되거나 지나치게 마음을 의지하게 되면 본의 아니게 상처 받는 일이 생긴다. 때로는 고독과 외로움을 가까이 두고 사람들에게서 떨어져 객관적으로 자신을 바라볼 필요가 있다. 유행만을 쫓거나 분위기에 휩쓸리거나 자신이 속한 집단의 문화에만 젖어 살다 보면 진정한 나를 잃어버리기도 하는 법이다. 가끔은 무리에서 벗어나 너 자신을 찬찬히 살펴보라. 그 외로움의 시간이 너를 강하게 만들어 줄 것이다. 외로움을 견디는 크기가 바로 너의 크기다.

2차로 국도를 달리는데
앞 차가 너무 더디게 갑니다.
추월하려고 마음먹고 조급해 하는 제게
친구가 한마디 합니다

기다리면 기회는 와...

네가 다시 일어서야 할 이유

우리가 살아가는 하루하루는 실패의 연속이다. 성적이 나빠서 속상하기도 하고, 원하던 일이 이루어지지 않아서 힘이 빠지고, 열심히 추진했던 일이 수포로 돌아가 맥이 풀린다. 그렇다고 그 상태에서 모든 걸 포기하고 주저앉을 수는 없다.

"나는 지금까지 9,000개 이상의 슛을 놓쳤다. 나는 300번 이상 경기에서 저봤다. 경기를 뒤집을 수 있는 슛 기회에서도 26번이나 실패했다. 나는 살아오면서 계속하여 실패하고, 실패하고, 실패했다. 그것이 내가 성공한 이유다."

마이클 조던의 이 말은 실패를 잘 받아들여야만 성공의 계단에 한걸음 더 다가설 수 있다는 사실을 잘 보여준다. 누구나 실패를 경험한다. 하지만 그것을 어떻게 자신의 내면에서 잘 소화하느냐에 따라 성공과 실패가 정해진다.

I Believe...

지금,
더불어

함께 가라

빨리 가려거든 혼자 가라.
멀리 가려거든 함께 가라.
빨리 가려거든 직선으로 가라.
멀리 가려거든 곡선으로 가라.
외나무가 되려거든 혼자 서고,
푸른 숲이 되려거든 함께 서라.

-인디언 속담

혼자 가면 빨리 갈 수는 있겠지만, 함께 가면 멀리 갈 수 있다.

진정한 부자

아무리 부자라도 베풀지 않으면 거지와 같고,
가난한 사람도 베풀면 누구도 부럽지 않은 부자이다.

감사의 마음을 전할 때

부모를 잃고 거리를 헤매는 불쌍한 소년이 있었다. 그 소년은 몹시 굶주려 눈은 퀭하니 움푹 들어갔고 금방이라도 쓰러질 것 같았다. 그 소년을 본 어떤 부자가 데려가 목욕을 시키고 좋은 옷을 입히고는 맛있는 음식을 차려 주었다. 그리고는 자신의 집에서 함께 살았다. 좋은 학교도 보내주었다. 몹시 감격한 소년은 정말 부지런히 일하고, 열심히 공부해 많은 재산을 모을 수 있었다.

늘 부자의 은혜를 갚을 길이 없을까 고민하던 그에게 하루는 부자 상인이 찾아왔다. 맨발로 뛰어나가 부자 상인을 맞이한 그 젊은이는 넓죽 절을 했다.

"어서 오십시오. 어르신 참 잘 오셨습니다."

그러면서 맛있는 음식을 한상 가득 차려왔다. 그것을 본 부자 상인은 참으로 대견했다. 둘은 밤이 새는 줄 모르고 옛날 일을 이야기하며 즐거워했다. 헤어질 때가 되어 부자 상인은 참으로 난처한 얼굴을 하며 말했다.

"내 자네에게 이런 말을 하지 않으려고 했는데 어쩔 수 없이 말을 해야겠구면. 사실은 자네에게 도움을 구하러 왔네. 나는 전 재산을 잃고 지금은

생활도 어려운 편이라네. 미안하지만 자네가 좀 도와주게나."
젊은이는 깜짝 놀라며 아무 걱정하지 말라고 했다.
부자 상인을 보내고 돌아온 젊은이는 곧 하인을 불러서 진주를 하나 주면서 말했다.
"너는 곧 부자 상인의 집으로 가서 이 진주를 팔고 오너라. 가격은 1달러인데 갈 때는 허름한 옷을 입고 가거라."
지시를 받은 하인은 그 부자 상인의 집에 가서 시키는 대로 진주를 팔고 왔다. 젊은이는 다시 하인을 불러 지시했다.
"너는 지금 곧 옷을 아주 잘 차려 입고, 부자 상인의 집으로 가서 진주를 사오너라. 가격은 만 달러이다."
그 지시를 받은 하인이 부자 상인의 집에 도착했다. 그리고 자신이 진주를 수집하는 사람인데 혹 가진 게 없는지 물었다. 그 말을 들은 부자 상인은 엊그제 산 진주가 생각이 나서 가지고 나왔다. 그것을 본 하인이 눈을 크게 뜨고 말했다.
"아니, 이렇게 아름다운 진주를 가지고 계셨군요. 값은 달라는 대로 드릴

테니 제게 파시지요."

그 말을 들은 부자 상인은 얼른 진주를 팔았다. 그리고는 며칠 후 다시 젊은이를 찾아왔다.

"이보게. 사실은 며칠 사이에 필요한 돈이 생겼네. 자네 도움은 나중에 받아도 될 것 같으네."

부자 상인과 젊은이는 서로를 바라보며 기쁜 마음으로 웃었다. 부자 상인은 젊은이에게 폐를 끼치지 않게 되어서 웃었고, 젊은이는 부자 상인의 마음을 상하지 않게 도울 수 있어서 기뻐하며 마음껏 웃었다.

감사의 마음은 이렇게 조용히 하는 게 아닐까?

보이는 것이 전부라고
생각하면 바보.

진짜를 보는 눈

정말 좋은 것은 눈에 보이지 않는다.
때로 좋은 일은 '시련'이라는 장애물에 가려서 온다.
시련 너머의 좋은 것을 볼 줄 아는 '눈'이 필요하다.

해가 떠도 좋다. 비가 와도 좋다.
어디를 가도 좋다. 마음아 쉬어라!

진짜 실력

스프링을 전문으로 만드는 삼원정공이라는 회사에서 신입 사원을 뽑는 날 있었던 이야기다.

모든 시험을 합격하고 면접을 남겨둔 한 사람이 있었다. 면접 전 화장실에 간 그는 다른 사람들이 담배를 피고 꽁초를 바닥에 버리는 것을 보았다. 그는 그들에게 공공장소에서 담배를 피는 것도 모자라 바닥에 꽁초를 함부로 버리면 어떡하냐고 핀잔을 주었다. 마침 화장실에 온 청소부와 함께 꽁초를 주우며 그는 말했다.

"아저씨. 저 이 회사에 꼭 합격할 거거든요. 그땐 더 많이 도와드릴게요."
시간이 되어 면접관 앞에 앉은 그는 낯익은 사람과 마주했다. 좀 전에 화장실에서 만난 청소부 아저씨가 면접관으로 앉아 있었던 것이다. 그는 회사에 합격했고, 마침내 회사 대표의 자리에까지 오르게 되었다.

살다보면 진심으로 행한 정의로운 일을 누가 알아줬으면 하는 마음이 들 때가 있다. 하지만 그런 마음은 먹지 않아도 된다. 옳은 일은 언젠가, 누군가 반드시 알아주게 되어 있다. 묵묵히 옳은 일을 하다보면 자신도 모르는 사이에 다른 이들이 알아봐 주고, 함께 행복해진다.

진짜 실력은 보이지 않는 데서 나온다. 눈가림은 언젠가 들통이 난다. 자신에게 진실하고, 최선을 다할 때 그 결과는 돌아오기 마련이다.

더불어 사는 세상

눈보라가 휘몰아치는 어느 날, 인도의 성자 썬다 싱은 네팔 지방의 산속에 있는 마을을 찾아가게 되었다. 제자들이 날씨가 좋아지면 길을 떠나라고 만류했지만, 초행길도 아니고 가다 보면 눈보라도 그치리라 생각했다. 하지만 날씨는 점점 고약해져 갔다.

한참을 가다 보니 마침 같은 방향의 여행자를 만나게 되었다. 눈보라 속에 길동무를 만났으니 서로에게 의지가 되었다. 눈발을 헤치며 잰걸음으로 얼마를 가는데 눈보라 속에 쓰러져 있는 사람을 발견하게 되었다. 쓰러진 사람의 상태를 살펴보던 썬다 싱이 동행에게 말했다.

"우리 이 사람을 데리고 갑시다. 이런 날씨에 두고 가면 분명 죽고 말 것이오."

그 말을 들은 동행은 냉정하게 말했다.

"무슨 말을 하는 겁니까? 우리도 몹시 지쳐 언제 죽을 줄 모르는 판국에 한가하게 누굴 도와준다는 말이오. 데리고 가려면 혼자서 데리고 가시오. 나는 싫소."

냉정하게 말하며 혼자 서둘러 길을 떠나 버렸다. 혼자 남은 썬다 싱은 몹

시 난감했다. 그러나 눈 속에 쓰려져 있는 사람을 혼자 두고 갈 수는 없는 노릇이었다. 하는 수 없이 쓰러진 사람을 등에 없고는 다시 힘겹게 길을 나섰다. 그러나 마음과는 다르게 몸은 지치고 힘들어 땀은 비 오듯 쏟아졌고, 숨소리도 점점 거칠어져 갔다. 그래도 그는 등에 업은 사람을 내려 놓지 않고 묵묵히 걸었다.

그러자 등에 업힌 사람의 얼었던 몸이 녹으며 조금씩 의식을 차리고 있었다. 그것을 안 썬다 싱은 몹시 기뻤다. 한결 몸이 가벼워지는 것 같았고 더욱 힘이 나 걸음을 재촉했다.

마침내 마을이 내려다보이는 산언덕에 도착했다. 잠시 등에 업힌 사람을 내려놓고 흐르는 땀을 훔치고 있는데, 저만치 또 쓰러진 사람이 눈에 띄었다. 얼른 쓰러진 사람 곁으로 다가가 살펴보다 깜짝 놀랐다. 얼어 죽은 시체였다. 더구나 초반에 눈보라를 헤치며 함께 동행을 했던 사람이었다. 살기 위해 혼자 떠난 여행자는 산속의 추위를 견디지 못해 얼어 죽었고, 힘들지만 죽어 가는 사람을 업고 온 썬다 싱은 서로의 따뜻한 체온 덕분에 살아남았던 것이다.

사는 일은 혼자 할 수 있는 게 아니다. 비록 네 마음에 들지 않는 이웃이 있다 하여도 언제나 친절을 베풀어야 한다. 그리고 함께 사는 것에도 익숙해져야 한다. 우리 모두는 어차피 인생이라는 큰 그림의 같은 배경이다.

상식적인 삶

이쑤시개 하나로 오만 달러를 잃은 사람이 있다. 마찬가지로 이쑤시개 하나로 오만 달러를 번 사람도 있다.

1907년 프랑스 변호사 지즈벨은 리옹역 화물보관소에 이쑤시개 하나를 맡기려 했다. 그 말을 들은 역무원은 멀쩡한 신사가 자기를 놀린다 생각하고는 몹시 화를 냈다.

"아니, 여기가 하찮은 이쑤시개나 보관하는 곳인 줄 압니까?"

보관소는 당연히 물건을 보관하라고 있는 곳이기에 아무리 하찮은 물건이라도 맡아야 한다고 생각한 변호사는 그를 직무유기로 고발했다. 그러나 사건의 내용을 알게 된 재판관은 지즈벨을 달랬다.

"아니 이런 일로 소송을 제기하면 되겠습니까?"

"무슨 소릴 하는 거요. 정부기간에서 국민의 편의를 위해 일해야 하는 것이 마땅한데도 임의대로 처리하는 관행을 고쳐놓고야 말겠소."

지즈벨의 태도는 완강했다. 지방법원에서 고등법원으로 올라간 이 소송 건은 마침내 대법원에 오기까지 20년이란 시간이 흘렀다. 마침내 역무원의 직무유기를 인정하고, 지즈벨 변호사에게 그동안 소송비용 전액을 지불하라는 판결이 내려졌다. 무려 오만 달러였다.

"아무리 하찮은 물건이라도 손님이 보관을 요구하면 마땅히 보관해야 하

는 것이 화물보관소의 임무임에도 불구하고 직무를 유기한 사실이 확인되었으므로 원고에게 20년간 소송비용을 지불함이 마땅하다."

우리가 알고 있는 상식적인 삶은 어렵지 않다. 초등학교에서 배운 것만으로도 세상을 바르게 살 수 있다. 상식에 어긋난 역무원의 행동에 20년간 기나긴 투쟁을 한 변호사의 신념이 대단하지 않은가? 어려운 사람을 돕고, 맡은 바 임무에 충실하고, 형제간에 우애있고…. 상식적인 삶이 위대한 삶이다.

때로 어둠 속에서 사막을 건너는 그대에게

누구나 홀로
힘겨운 길을
걷고 있다
생각하지만

가만히 보면
다른 누군가도
사막을 건너고
있습니다.

감동하는 것

감동을 잘하면 기억력도 좋아지고,
독창적이고 참신한 생각도 잘 떠오른다.
감동은 뇌의 주요 활성 요인이다.
감동을 잘하는 것도 실은
대단한 재능이라 할 수 있다.

- 하야시 나리유키의 《일머리 단련법》 중에서

이야기를 들으면서 감동하는 사람을 보면
더 많은 이야기를 하고 싶을 때가 있다.
잘 들어주는 것만으로도 상대에겐 큰 힘이 된다.

친절한 웃음

영국의 소설가 올더스 헉슬리는 죽기 전
너무도 간단하고 쉬운 말을 남겼다.
"우리는 모두 남에게 더욱 더 친절해야 한다."
위대한 사람은 책에 나오고 텔레비전에 나오는 사람만이 아니다.
위대한 사람은 보통의 사람들이다.
그들은 의외로 다른 이들에게 친절하고,
웃음 짓게 하고, 함께 살아가는 것이 행복하다는 것을 느끼게 한다.
오늘 하루 길을 나서며 만나는 사람들에게 자리도 양보해 보고,
먼저 웃음을 지어보자.
그들은 당신이 준 것보다 더 많이 돌려 줄 것이다.

이런 사람을 그대는 가졌는가

온 세상이 다 나를 버려도
마음이 외로울 때에도
'저 마음이야' 하고 믿어지는
그 사람을 그대는 가졌는가?
탔던 배 꺼지는 시간
구명대 서로 사양하며

'너만은 제발 살아다오.' 말할

그 사람을 그대는 가졌는가?

불의의 사형장에서

'다 죽어도 너희 세상 빛을 위해 저만은 살려두거라' 일러줄

그 사람을 그대는 가졌는가?

-함석헌, 〈그 사람을 그대는 가졌는가〉 중에서

삶은 등산과 같고 친구는 그 등산길의 동료와 같다. 함께 출발한다고 해도 운이 좋아 정상까지 함께 갈 수도 있지만 대개는 갈림길에서 헤어지

거나, 각자가 걸어가는 길의 모양에 따라 만나고 또 헤어지고 한다. 또한 높이 올라갈수록 인적은 드물고 외로워진다.

삶은 흐르는 강물과도 같아서 잠시 맴돌 수는 있어도 영원히 머무를 수는 없다.

그 복잡하고 험난한 인생이라는 등산길을 함께 갈 소중한 사람을 만나야 한다. 그것이 우정이라는 이름의 친구여도 좋고, 너의 정신적인 멘토여도 좋다.

눈에 보이지 않는 것들

미국의 제17대 대통령 앤드류 존슨은 너무나 가난해 학교 문턱에도 가보지 못했다. 세 살 때 아버지가 돌아가셨기 때문이다. 그래서 열세 살에 양복점 점원으로 들어가 일을 배우다 열일곱 살에 양복점을 차려 독립했다. 그런 후 결혼을 했는데 구두 수선공의 딸이었다. 그의 아내는 그가 글을 읽지도 쓰지도 못한다는 것을 알고는 친절하게 글자를 읽고 쓰는 법을 가르쳐 주었다. 그때부터 존슨은 공부에 취미를 붙여 다방면으로 교양을 쌓고, 마침내 테네시 주의 주지사가 되었고, 상원의원으로도 당선이 되었다. 그 후 링컨이 대통령에 당선되자 부통령으로 재직하고 있었는데 어느 날 갑자기 링컨이 암살을 당했다. 헌법에 따라 링컨의 나머지 임기를 존슨이 물려받아 대통령직을 수행하게 되었다.

어느덧 임기가 끝나 17대 대통령 선거가 시작되었다. 존슨도 출마하였는데 반대당에서 존슨이 학교를 다니지 못한 사실을 가지고 비난했다.

"한 나라를 이끌어 가는 대통령이 초등학교도 다니지 못했다면 어떻게 나라를 경영할 수 있겠습니까?"

그 말을 들은 존슨은 분통이 치밀어 올랐다. 그렇다면 자신이 이제까지 나라를 위해 일한 것은 무엇이란 말인가. 그러나 화를 내서는 연설을 제대로 할 수가 없었다. 억지로 화를 가라앉히고 연단에 오른 그는 차분하

게 연설을 시작했다.

"여러분! 예수 그리스도가 초등학교에 다녔다는 말을 들어본 적이 있습니까? 그분도 학교를 다녔다는 기록이 없습니다. 더구나 그분은 목수이기도 했습니다. 그러므로 대통령직을 훌륭히 수행하는 것과 학교를 나온 것과는 아무런 관계가 없습니다. 다만 어느 누가 최선을 다하고 나라를 위해 봉사할 것인가가 더욱 중요하다고 생각합니다."

그 말을 들은 청중들은 우레와 같은 박수를 그에게 보냈고 마침내 대통령에 당선되었다.

어린 나이엔 친구들의 외모나 환경이 그 사람에 대한 평가 기준이 되는 경우가 종종 있다. 나도 어릴 적엔 그랬다. 하지만 조금 더 살고 보니 사람에게 있어 중요한 것은 보이는 것이 아니라는 것을 깨닫게 되었다. 눈에 보이지 않는 어떤 것들, 예를 들면 그 사람의 인격, 가치관 등이 진정 그 사람에 대한 평가 기준이 되어야 한다. 그렇지 않다면 다른 누군가도 겉모습과 보이는 것들로만 너를 평가할 것이다.

소박함에 대하여

독일의 여성 언론인 레기네 슈나이더가 쓴 《새로운 소박함에 대하여》라는 책을 보면, 우리가 쓰는 돈의 30퍼센트는 쓰지 않아도 아무 문제가 없는 돈이라고 한다.

부자인 척하다가 망해서 가난하게 사는 사람, 자발적으로 소박함을 선택한 사람, 어찌됐든 절약하며 사는 다양한 사람들의 이야기들인데 그들의 결론은 절약하며 살았더니, 오히려 충만한 삶을 살게 되었다는 것이다.

책에는 아프리카 원주민인 가나사람의 관점에서 본 독일인 관찰수기도 담겨 있는데, 독일인들은 왜 그리 소유하지 못해 안달이 났는지 이해할 수 없다고 써 놓았다. 가나인의 말에 전적으로 공감할 수는 없다. 우리는 맨발로 살 수 없고 아무 곳에서나 잠을 잘 수는 없는 노릇이기 때문이다. 그러나 30퍼센트 쯤은 쓰지 않아도 된다는 말은 아무리 생각해도 옳은 말인 것 같다.

파란하늘과 가을나무

나무는 잔가지마저 흔들어
제 몸의 잎을 떨어뜨린다.
버려야 산다는 것을
나무도 안다.

척하는 삶

멋있는 척하는 것과
멋있는 것,
부자인 척하는 것과
부자인 것,
야근하는 척하는 회사와
야근하는 회사.
다 다르다.
쇼하지 말고 진실하게 살기.

너 그거 아니?

많은 어른들이 성공만을 쫓다가 길을 잃는다는 걸.

너는 과정을 즐겨야 한다.

배려

인도의 독립과 신분제도의 타파에 일생을 바친 간디는 인도 민족의 아버지라 불린다. 그가 영국에서 돌아와 변호사 사무실을 개업하고 인도의 독립을 위해 전국을 돌아다니며 강연을 하러 다닐 때의 일이다.

하루는 먼 지방으로 강연을 가게 되었는데 워낙 바쁜 일정이라 기차 시간이 촉박했다. 수행원들과 허겁지겁 역에 도착하였더니 기차가 막 출발하려고 했다. 급히 서두른 그가 기차에 올라서자마자 기차가 움직이기 시작했다. 그런데 간디의 한쪽 신발이 벗겨졌다. 기차는 이미 출발하였고 그의 신발이 덩그러니 플랫폼에 떨어져 있었다. 그것을 본 수행원들이 발을 동동 굴렸지만 간디는 태연히 나머지 한쪽 신발도 플랫폼에 던져버리고는 자기 자리로 갔다. 수행원들이 그런 간디의 행동을 보고 물었다.

"선생님, 나머지 한쪽 신발마저 버리면 어쩌시려고 그럽니까?"

그러자 간디가 자신의 맨발을 내려다보더니 태연히 말했다.

"한 쪽 신발만 있으면 무슨 소용이 있겠소. 두 쪽 다 있어야 누가 줍더라도 소용있지 않겠소."

그 말을 들은 수행원들은 자그마한 일 하나에도 아름다운 마음씀을 가진 그의 영혼을 보고 진심으로 간디를 존경하게 되었다.

자기만 생각하는 사람과 남을 배려하는 사람은 삶의 스케일이 다르다. 자신만 바라보면 '우물 안 개구리'가 되고, 다른 사람을 돌아보면 온 우주를 품게 된다.

마무리의 즐거움

일본에는 '한방울'이라는 이름을 가진 전설 속의 새가 있다. 이 새는 물을 한 모금씩만 머금을 수 있어서 그렇게 불리게 되었다. 어느 날 새들이 둥지를 틀고 무리지어 사는 산에 불이 났다. 새들은 한 모금씩 물을 머금어 불을 끄기 시작했다. 도저히 꺼지지 않을 것 같은 산불은 한 방울의 힘으로 잦아들었고, 새들은 자신들의 둥지를 지켜냈다.

작은 물방울이 바위를 뚫는다는 말이 있다. 작은 노력이라도 끈기 있게 계속하면 큰일을 이룰 수 있다는 뜻이다. 살다보면 마음먹은 일을 끝까지 하기보다 중간에 갖은 핑계로 멈추는 경우가 허다하다. 하지만 끝을 보지 않으면 마무리의 즐거움을 느낄 수가 없다. 마찬가지로 마무리의 즐거움을 알게 되면, 그 과정의 고단함도 지나고 나면 아무 것도 아니라는 것을 깨달을 수 있다.

우리는 모두 연결되어 있다

인디언 중 파타파스칸 족이라고 있다.
이 마을에서 하루는 아이가 산을 가리키며 어머니에게 물었다.
"엄마, 저 산 너머에는 무엇이 있을까요?"
어머니는 아이를 바라보며 나즈막히 대답했다.
"얘야, 산을 향해 손가락질하지 마라. 그건 무례한 짓이란다."
미타쿠예 오야신Mitakuye Oyasin.
아메리카 인디언인 다코타 족의 인사말이다.
'우리는 모두 연결되어 있다'라는 뜻이다.
모든 물질은 지구에서 나고 지구에서 소멸하니 맞는 말이다. 우리의 가족 관계뿐만 아니라 우리와 함께 세상을 이루어 가는 동물, 식물조차도 모두 연결되어 있다는 뜻이다. 영화 〈아바타〉에서 "I see you"라 말하는 장면도 바로 그런 마음을 담은 것이라고 볼 수 있다.
욕망과 질투, 미움과 분노 같은 감정일랑 저만치 던져버리고 내일은 더 맑고 행복한 마음으로 하루를 살았으면 좋겠다. 자연이 가진 충만한 에너지가 서로를 채워주고 보듬어 준다면 좋겠다.

마음열기

마음을 바꾸면 세상이 달리 보인다는 말이 있다. 사람은 죽는 순간 먼저 목소리가 나오지 않고, 눈이 보이지 않고, 맨 마지막에 귀가 들리지 않게 된다고 한다. 필요 없는 상황에 눈 감고, 하지 말아도 될 말이라면 입 다물고, 더욱 더 귀를 열고, 마음을 열며 살아야겠다.
마음의 불필요한 살도 빼야겠다는 생각이 든다.

어느 추운날

높다란 빌딩 숲사이 작은 우동트럭 서있네.
마음이 서늘하고 힘겨운 어느날에
눈을 돌리면 꼭 곁에있는
따뜻한 사랑처럼 서있네.

세상을 보는 눈

사람을 유익하게 꾸짖고 그의 잘못을 깨우쳐주려고 할 때는
그가 어떤 방향에서 사물을 보는가를 관찰할 필요가 있다.
왜냐하면 그 방향에서 보면 대체로 옳기 때문이다.
그리고 그에게 옳은 점은 인정하되 그것이 어떤 면에서
틀렸는가를 보여줘야 한다. 그는 이에 만족을 느낄 것이다.
왜냐하면 자기가 틀린 것이 아니라
단지 모든 면을 보지 못했다는 것을 알게 되기 때문이다.

-파스칼, 《팡세》 중에서

사람마다 생각의 관점과 사고가 다르다.
그걸 인정할 때 생각지도 못한 많은 것을 배울 수가 있다.

느림의 미학

스위스의 한 소년은 공부를 너무 못해 그의 부모조차 그를 비정상적인 아이라고 생각하였다. 그의 선생님은 그를 쓸모없는 아이라고 불렀고, 그의 친구들은 바보라고 놀렸다. 그는 겨우 고등학교를 졸업하고 대학에 들어가기 위해 시험을 치렀지만 그마저도 떨어졌다. 그러나 그는 낙심하지 않고 공부해 다시 시험을 쳤다. 그리고 몇 년이 흐른 후에 비로소 그의 참된 능력이 빛을 발하기 시작했다. 그가 바로 상대성원리를 발견한 앨버트 아인슈타인이다.

인생은 100미터 달리기가 아니다. 주변 사람보다 조금 늦어 보여도 불안해하거나 초조해하지 마라. 인생은 마라톤이라는 말이 있다.
지금 당신은 인생의 출발점에 서 있다. 묵묵히 언덕길도 오르고, 빗길도 달리며 당신의 길을 열심히 달려가다 보면 어느 순간 저만치 앞에서 친구를 돌아볼 수도 있을 것이다.
스스로에게 '나는 할 수 있다'고 최면을 걸어보자. 어릴 적 쓰러졌다 다시 일어나는 나의 어깨를 토닥거려주던 아버지의 손처럼 누군가 당신의 어깨에 팔을 얹고 있을 것이다.

Life is

삐죽빼죽 마음
쉼없이 깎아내야 하는 마음

'욱!'이라는 이름의 뜨거운 차

폭력은 보통 욱!하는 마음에서 출발한다. 몸으로 하는 폭력은 몸에서 그치는 것이 아니라 언젠가 자신의 마음을 향해 휘두르게 되는 법이다.
말로 하는 폭력도 마찬가지다. 지금은 남을 향해 휘두르지만 결국에는 자신을 향해 되돌아오기 때문에 몸과 마음 이곳저곳이 병들게 된다.
남 때문이라고 생각하지 말고, 나 때문일 수 있다는 생각을 먼저 하자. 뜨거운 차를 마실 때 차가 식기를 기다렸다 마시는 것처럼, 화가 나거든 뜨거운 차를 생각하면 좋겠다. '화'라는 뜨서운 차를 지금 당장 벌컥 하고 마시지 않고 한 숨 식히고 마셔야겠지. 그러면 아마 욱하는 마음을 지닌 나는 사라지고 향기로운 찻잔을 들고 있는 내가 기다릴 것이다.

얼굴이 다르다고  생각이 다르다고  사는 법이 다르다고

성별이 다르다고   신념이 다르다고

성숙한 당신은

17세기 스페인을 대표하는 작가이자 시인인 발타자르 그라시안은 말했다.
"자기완성에 도달하라. 완전하게 태어나는 사람은 없다. 매일같이 사람은 인격을 닦고, 자신의 소명을 다해야 한다. 모든 능력이 완벽하게 발휘되고, 뛰어난 성품이 다 발전하여 자기완성에 도달할 때까지 말이다. 고상한 취미가 생기고, 생각이 맑아지고, 판단이 성숙해지고, 의지가 순수해질 때 그 완성을 느끼게 될 것이다"

나이에 비해 성숙하지 못한 사람이 다른 사람에게 상처를 주고, 사회적 지위에 비해 성숙하지 못한 사람이 사회에 물의를 일으키는 법이다. 그러니 공부해야 하고, 그래서 성숙해야 한다. 우리는 혼자 사는 것이 아니고 많은 이들과 조화와 협력을 통해 멀리 갈 수 있기 때문이다.

지금,
행복하라

웃음의 미학

우리가 이 세상에서 살 수 있는 기간을 80년으로 놓고 볼 때
보통 26년은 잠을 자고, 21년은 일을 하고, 9년은 먹고 마시고,
겨우 20~30일 정도 웃는다.
하루 열 번 정도 웃는 데는 약 5분이 걸린다.
그렇게 하루에 열 번을 웃어도 평생을 다 합쳐 봐야 겨우 88일이다.
하루 15초만 웃어도 이틀의 수명이 연장되고,
하루 45초만 웃어도 스트레스를 이길 수 있다.
웃음은 심장과 간, 위, 췌장 등을 마사지해서
우리 몸을 건강하게 해준다.
일부러 지어내서 웃는 억지 웃음도 그 효과는 같다.
그러니, 많이 웃어라.
웃으면 웃을 일이 더 많이 생긴다.

희망의 파랑새

요즘 우리는 하루 평균 30명 이상 자살하는 사람을 만난다. 왜일까?
희망이 보이지 않기 때문이다. 만약 당신도 지금 지치고 힘이 들어 낙심이라는 벼랑 끝에 서 있는가? 그렇다면 당신은 이제 희망의 파랑새를 불러 모을 때가 되었다. 희망의 파랑새는 바로 당신의 가슴 한 구석에 조용히 날개를 접고 있다. 당신이 그것을 살짝 건드려주기만 하면 그 파랑새는 잠에서 깨어 힘찬 날갯짓을 하며 날아오를 것이다.
그것은 네가 스스로에게 주는 최고의 선물이다.

Be happy

당신은 노래 부를 기분이 아닐런지 모르겠지만
당신께 들려드릴 노래가 있어요.
너무 심각하게 생각하지 마세요.
힘든 일이 생기면 어떡하나 하고 걱정될 수도 있겠지만
살다보면 누구든지 어려운 일이 일어나기 마련이죠.
하지만 염려하지 말고 편하게 생각하세요.
아무런 의지할 곳이 없고 누군가가 당신을
괴롭힐지도 모른다는 생각이 들 수도 있겠지만
너무 걱정하지 마세요.
집 주인이 집세가 밀렸다고 소송을 제기할 지도 모르지만
전혀 걱정하지 마세요.
나를 보세요, 행복해 하잖아요.
돈도 하나도 없고 꾀죄죄해서
그 어떤 여자도 당신을 좋아하지 않더라도
신경 쓸 거 없어요, 좋게 생각하세요.
자꾸 걱정만 하면 괜히 얼굴만 찌푸려지고
다른 사람 보기에도 안 좋으니까요.

그러니 편하게 생각하세요.
이제부터는 행복하게 사세요.
아무런 걱정하지 마세요.
긍정적으로 생각하세요.

-바비 맥퍼린, 〈Don't worry be happy〉 가사 중에서

"모든 것이 잘 될거야"
생각하면 결국 모든 일이 잘된다.
"모든 것이 안 된다"고 생각해도
인생은 그렇게 어렵기만 한 것은 아니다.

작은 생각

미국의 시어즈 로벅사는 소매기업 중 미국 최고의 매출을 자랑한다. 무슨 특별한 상품이 있는 것도 아닌 판매회사가 엄청난 매출을 올리고 있는 이유는 창업자인 시어즈의 남다른 판매 방식 때문이다.

그가 판매에 흥미를 느끼고 본격적으로 소매업에 뛰어든 계기는 아주 조그마한 일에서부터 시작되었다. 처음에 그는 미국의 작은 시골역에서 철도원으로 일하고 있었다. 하루는 아주 작은 소포가 도착했다. 마을에 있는 귀금속 가게로 가야 될 소포였다. 그가 이 소포를 가지고 귀금속 가게로 갔더니 무슨 까닭인지 주인이 소포를 받을 수 없다고 거절하면서 발송처로 다시 반송하라고 했다.

시어즈는 헛걸음을 하고 돌아오면서 소포의 내용물을 살펴보았다. 아주 멋진 손목시계 대여섯 개가 들어 있었다. 갑자기 사고 싶다는 생각이 들어 발송처에 가격을 물어 보았더니 전부 12달러였다.

무척 싸다고 생각한 그는 역으로 돌아와 동료들에게 멋진 시계에 대해 이야기하자 모두 사겠다고 말했다. 자신감을 얻은 그는 몇몇 친구들에게도 연락을 했더니 그들도 사겠다는 대답이었다.

시어즈는 장사가 되겠다는 확신을 가지고 즉시 시계의 발송처로 자신이 시계를 구입하겠다고 편지를 보냈다. 곧바로 계약을 하겠다는 회답이 왔다.

그때부터 판매에 흥미를 느낀 시어즈는 본격적으로 상인으로 직업을 바꾸었다. 그리고는 시계뿐만 아니라 값비싼 귀금속류도 취급하기 시작했다. 그러면서 획기적인 판매 방식을 개발했다.

하나는 상품에 대한 애프터 서비스를 철저히 해주면서 6년간 장기 보증을 해주었다. 또 하나는 값이 비싼 귀금속류는 가격을 몇 차례로 나눠 결재하는 방식을 택했다. 그리고 소비자가 상품이 마음에 들지 않는다고 하면 언제라도 바꾸어 주었다.

그러자 그 판매 방식은 소비자의 인기를 끌었다. 소비자들이 안심하고 시어즈의 상품을 구입할 수 있었고, 돈이 없는 사람들도 값비싼 귀금속류를 구입할 수 있게 되었다. 시어즈 로벅사는 비약적인 성장을 거듭해 마침내 미국 전역에서 제1의 소매 기업이 되었다.

아주 작은 생각 하나가 그의 인생을 화려하게 바꾸어 놓았다.

너만의 인생을 살아라

너야말로 너의 주인이고
자신이야말로 자신의 의지할 곳.
말 장수가 좋은 말을 다루듯
자기 자신을 잘 대하라.

-《법구경》에서

사회가 결정해 놓은 테두리 안에서 인정받으려 애쓰기보다는 독자적이고 창조적인 길을 가는 것, 사회가 만들어 놓은 가치의 위계에 얽매이기보다는 순수하고 자유로운 길을 가는 것, 상투적이고 결정되어 있는 삶과는 다르게 살아가는 것.
조직생활이라는 이름으로 우리는 언제나 다른 사람들의 눈치를 살피곤 한다. 그때 사람들은 진정으로 추구해야 할 개인의 가치를 잃어버리고, 남을 감시하는 역할로 스스로를 전락시켜 버리곤 한다. 그리고 스스로를 그 틀에 가두곤 한다. 틀을 깨는 것을 두려워하지 말아라. 당당하게 너만의 인생을 살아라.

생각의 차이

미국의 비즈니스 연설가 하비 매케이는 저서 《하늘 위까지 편지를 보내라》에서 그의 8살 때의 일화를 언급했다. 계단 난간에 앉아 있던 그에게 아래서 올려다보던 아버지가 "난간을 미끄러져 내려오면 내가 받아주마"라고 했다. 미심쩍은 하비가 "아빠가 정말 잡아줄지 어떻게 알아요?"라고 되묻자 아버지는 어린 아들을 안심시키며 말했다.
"나는 네 아버지고, 내가 잡아준다고 했지 않니?"
안심한 아들은 난간을 타고 쭈욱 미끄러졌다가 '쿵' 하고 바닥에 떨어졌다. 이를 본 아버지가 말했다.
"다른 사람이 모두 너와 같지 않단다. 외모도 물론 그렇지만 생각은 더욱 너와 다를 수 있다. 상대가 네 아버지라 해도 말이다."
매케이는 "그날 이후, 나는 어떤 비즈니스를 할 때건 모든 것을 확실히 해두려 애썼다. 계단 난간은 효과적인 교과서였다"고 회고했다.

그렇다고 다른 사람을 무조건 의심하라는 얘기는 아니다. 다만 다른 사람은 나와 다른 생각을 할 수 있다는 사실을 인정하는 순간 당신은 오히려 더 편안해지고, 행복해질 수 있다.

마음으로 보기

화가 마티스는 이렇게 말했다.
"나는 눈을 뜨고 있을 때보다
감고 있을 때 사물을 더 잘 볼 수 있다."
그러나 그림을 좋아한다고 말하는 사람 중에
그림에 담긴 마음을 보지 못하고,
그림을 아는 것만을 자랑하는 사람들이 많다.
아는 만큼 보인다는 말도 있지만,
그 말이 꼭 옳은 것은 아니다.
마음으로 볼 수 있어야 진정으로 보는 것이다.
그림을 볼 때도, 음악을 들을 때도,
친구를 만날 때도, 공부를 할 때도,
모든 것을 마음으로 대하면 진정으로 행복하지 않을까.
마음으로 보는 것은 굳이 말로 설명할 필요가 없다.

음......
네가 아무리 별들을 싫어하더라도 별은 그저 반짝일 뿐이란다. 별들이 싫어한다고 느낀다면 그건 네 마음일 뿐이야...

네가 행복한 눈으로 바라보면 별들도 행복하게 보일 것이고 네가 슬픈 눈으로 바라본다면 별들도 슬퍼 보일거야
······

지금이라는 의미

세상의 수많은 금 중에서 가장 좋은 금이 무엇이냐고 묻는다.
어떤 이는 '황금'이라고 말하고
어떤 이는 '소금'이라고 말한다.
하지만 가장 소중한 금은
바로 '지금'이라고 한다.
사람은 이미 흘려보낸 되돌릴 수 없는 시간을
못내 아쉬워하고 연연해하면서
가장 뜻 깊고, 가장 중요한 '지금'이라는 시간을 소홀히 한다.

우리는 이미 돌이킬 수 없을 순간이 왔을 때
그 사실을 가장 잘 깨닫게 된다.
못다 한 일이 아쉽고
못다 이룬 사랑이 그립다.
옆에 있을 땐 몰랐던 누군가가 떠나면
그의 소중함이 새록새록 묻어난다.
우리 인생의 소중함은
'지금까지' 가 아니라 '지금부터'이다.

행복의 조건

플라톤은 행복하기 위해서는 다섯 가지가 필요하다고 했다.

먹고 입고 살기에 조금은 부족한 재산,
모든 사람이 칭찬하기에 약간은 부족한 외모,
자신이 생각하는 것의 반 밖에 인정받지 못하는 명예,
남과 겨루어 한 사람은 이겨도 두 사람에게는 질 정도의 체력,
연설했을 때 듣는 사람의 반 정도만 박수를 치는 정도의 말솜씨.

우리에게 완벽하고 넘치는 것들이 필요한 것은 아니다.
조금 부족한 것이 남는 것이다. 너무 많이 가지려 하다 보면 오히려
불행해진다. 욕심의 부피를 줄이는 것이 행복의 시작이다.

HEAVEN 천국

마음 쓰기

선물도 마음을 담아서 하면 가치가 다르고
일도 마음을 담아서 하면 의미가 다르다.
공부도 마음을 담아서 하면 결과가 다르고
사랑도 마음을 담아서 해야 상처가 없다.
무엇이든 제대로 마음을 담아야 한다.
돈이 없어서 쓰지 못하는 것과
쓸 수 있지만 쓰지 않는 것은 다르고
마음이 없어서 쓰지 못하는 것과
마음이 있지만 쓰지 않는 것은 다르다.

돈은 쓰면 줄지만, 마음은 아무리 써도 줄지 않는다.

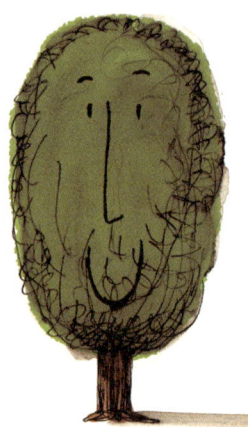

사람도
나무와
같다

네가 웃어야 거울도 웃는다

거울을 보면 알 수 있다. 네가 웃어야 거울도 웃는다는 것을.
세상도 마찬가지다. 네가 웃는 얼굴로 세상을 보면 세상도 웃는 거다.
웃지 않고 찡그리거나 일그러져 있으면 우주도 이렇게 얘기한다.
'성난 표정도 행복한 표정도 모두
너 자신을 향하고 있다는 것을 모르는가?'

파란 하늘 아래서

새파란 하늘을 보면, 자연의 경이를 느낀다.
넓은 하늘에 비하면
내 작은 속마음이 부끄럽게 느껴진다.

소중한 것을 깨닫는 장소는 언제나
컴퓨터 앞이 아니라 새파란 하늘 아래였다.

-《love & free》중에서

걷다 보면

어렸을 때, 가장 궁금했던 것은 태양이었다. 하늘에 걸려 붉게 빛나는 커다란 원판은 도대체 어떤 줄로 묶어놓은 것인지 알 수 없었다. 해가 나오면 날은 밝아지고, 해가 돌아가면 날은 어두워진다. 농부는 해와 떨어져서 살 수 없고, 나무는 해 없이 자랄 수가 없다. 세상의 그 어떤 것도 해가 없이는 살 수 없다. 도대체 누가 만든 보배일까?

해에게로 다가가 붉고 빛나는 모습을 가까이에서 본다면 얼마나 좋을까? 하지만 그럴 수 없다는 것을 알고는 낙심해서 병이 들 지경이었다.

대신 할머니에게 해에 관한 옛날이야기를 해달라고 조르곤 했다.

"할머니! 해님은 어디서 살아요?"

"금산 위에 살지."

"해님한테로 가는 길이 있어요?"

"그럼 있고말고."

"정말이요? 어떻게 가는데요?"

할머니는 웃으시며 우리 형제들을 과수원으로 데리고 나가 생각 어린 눈길로 이렇게 말씀하셨다.

"우리 같이 씨를 심자꾸나! 너희들 각자 좋아하는 씨앗을 심어라. 그러면 나중에 알게 될 거야."

할머니는 평생 학생을 가르치셨고 전국 각지에 할머니의 제자들이 있다. 퇴직하시고는 집에서 집안일을 돕고 과수원을 가꾸셨다. 그래서 우리는 할머니의 말씀은 뭐든지 옳다고 믿었다.

우리는 과수원에 앉아 할머니의 말씀대로 흙을 고르고 각자 좋아하는 씨앗을 심었다. 여동생은 매화를 하나 심고, 남동생은 해바라기를 몇 개 심었다. 나는 복숭아나무 십여 그루를 심고, 나중에 작은 복숭아나무 숲이 되기를 기원했다. 우리는 매일 과수원으로 달려갔다. 아직 자라나지 않은 우리의 나무들을 보고 배고픈 고양이처럼 마음이 조급했다. 10여 일이 지나자 각자의 나무가 싹을 틔웠다. 부드러운 노란 잎이 삐죽 나오더니, 마치 어린아이의 입술처럼 둘로 갈라졌다. 우리는 기뻐서 환호성을 질렀다. 할머니는 닷새에 한 번씩 싹의 키를 재어 막대기에 표시를 하라고 하셨다. 그 일은 정말 재미있었다. 싹은 정말 빨리 자라서 막대기에는 금세 줄이 여러 개 그어졌다.

한 달이 지나자 줄이 여섯 개 그어졌고, 우리의 나무에는 새 잎이 돋아나기 시작했다. 그렇지만 해님한테 가는 길은 아직 나타나지 않았다. 우리가 다시 여쭈자 할머니는 웃으며 말씀하셨다.

"저 나무들이 바로 해님한테 가고 있지 않니?"

우리는 이해할 수 없어 서로의 얼굴만 마주 보았다.

"바보 같구나. 저 나무가 조금씩 자라고 있지? 닷새에 한 번씩 표시하는 저 금이 바로 해님한테로 가는 계단이란다. 그렇게 계속 계단을 만들면 해님한테로 갈 수 있지 않겠니?"

우리는 깜짝 놀랐다. 자라나는 모든 나무와 풀이 바로 해님한테 가는 하나의 길이었구나. 해님한테 가는 길이 보이지 않는다고 생각했는데 사실은 이렇게 세상 어디에나 있었구나!

할머니는 우리에게 물으셨다.

"자! 해님한테 가는 길이 어떠니?"

"너무 가팔라요!"

여동생이 말했다.

"너무 길어요!"

남동생이 말했다.

"저 길은 아무도 끝까지 가지 못할 것 같아요."

내가 말했다.

"그렇단다. 해님한테 가는 길은 이렇게 가파르고 험한 계단이란다. 게다가 아주 길단다. 그래서 가려면 힘을 다해서 가야 한단다. 세상에 생명이 있는 모든 것은 이렇게 걷는단다. 어떤 것은 높은 곳에서, 어떤 것은 낮은 곳에서, 이렇게 반밖에 못 가고 죽기도 한단다. 하지만 이렇게 걷다 보면 꽃이 피고 열매가 맺혀 농부는 결실을 거둘 수 있고, 나무는 훌륭한 목재로 성장하는 것이란다."

우리는 모두 귀 기울여 할머니의 말씀을 들었다. 따뜻한 햇살 아래 서서 해님한테로 가는 길들과 그 길을 걷고 있는 생명들을 발견했다.

"그럼 우리는요? 우리는 어떻게 가야 해요?"

내가 물었다.

"사람의 일생도 이 가파른 계단과 같단다. 모든 힘을 기울여 걸어야 한단다. 너희들은 아직은 어리지만 나중에 쓸모 있는 사람이 되려면, 이런 계단을 몇 개는 넘어야 한단다. 물론 힘이 들겠지만, 결국은 해님을 향해 걸을수록 밝은 길이 점점 더 가까워진단다."

– 자핑아오, 〈흑백을 추억하다〉 중에서

때로는 앞이 보이지 않아도 걸어야 할 때가 있다. 걷다 보면 인생의 길이 만들어진다. 어차피 가야 할 길이라면 웃으면서 즐겁게 가는 것이 좋지 않겠니?

작고 소중한 일상들

갈대의 나부낌에도 음악이 있다.
시냇물의 흐름에도 음악이 있다.
사람들이 귀를 가지고 있다면
모든 사물에서 음악을 들을 수 있다.
-G. 바이런

행복은 어디에 있을까. 클로버는 보통 잎이 세개이다. 행운의 상징인 네잎클로버는 쉽게 눈에 띄지 않는다. 어릴 적 네잎클로버를 발견하면 책갈피에 끼워두고 애지중지했다. 이런 네잎클로버를 한 친구가 여러장 코팅하여 마음에 드는 친구에게 선물하였다. 네잎클로버는 더 이상 행운이 아니었고 그냥 풀잎이 되었다. 조금 더 자라 세잎클로버가 평범한 일상의 행복을 말한다는 것을 알았고, 세잎클로버를 더 사랑하기로 마음먹었다. 어쩌다 내게 와줄지도 모르는 행운을 바라며 사는 것보다 세잎클로버의 꽃말처럼 소소한 일상의 행복을 추구하며 사는 것이 좋을 것 같았다.
세잎클로버는 우리 주위에서 아주 흔하게 찾을 수 있다. 우리는 주변에서 흔하게 만날 수 있는 행복을 그저 무덤덤하게 흘러 보내고 있는 건 아닐까. 당연해 보이는 일상의 모습들이 진정한 기적이고 행복이다.

진정한 성공이란

멋지게 살고, 자주 웃고,
사랑을 많이 한 사람이 진정 성공한 사람이다.
- 베시 스탠리

진정한 성공은 많이 가진 사람이 아니라 많이 '나눈' 사람이다.

Peul

오늘은 쉬십시오

오늘은 쉬십시오.
일에 지친 무거운 어깨 산 나무 그늘 아래 눕히고
오늘은 편히 쉬십시오.
어제까지의 일은 잘했습니다.
그리고 내일 일은 내일 시작하면 됩니다.
오늘은 아무 일도 하지 말고 팔베개하고 누워 하늘에
떠가는 구름을 보면서 편히 쉬십시오.

오늘은 쉬십시오.
사랑 찾아다니다 지친 발 오늘은 흐르는 물에
담그고 편히 쉬십시오.
사랑보다 더 소중한 것은 내 마음의 평화입니다.
오늘은 어떠한 사랑도 생각하지 말고
모든 것 잊으십시오.
그리고 흐르는 물소리를 들으면서 편히 쉬십시오.

-원성 스님 〈오늘은 쉬십시오〉 중에서

그럼에도 불구하고

'사람들은 때로 변덕스럽고 자기중심적이다.

그래도 그들을 용서하라.

네가 친절하면 이기적이고 숨은 의도가 있다고 비난할 것이다.

그래도 친절을 베풀어라.

네가 정직하고 솔직하면 사람들은 너를 속일지도 모른다.

그래도 정직하고 솔직하라.

네가 평화와 행복을 누리면 그들은 질투할지 모른다.

그래도 행복하라.

네가 오늘 행한 선을 사람들은 내일 잊어버릴 것이다.

그래도 선을 행하라.

정직하고 솔직하면 불이익을 당하거나 불리한 위치에 놓일 수도 있다.

그래도 정직하고 솔직하라.

세상 사람들은 약자 편을 들면서도 강자만을 따른다.

그래도 소수의 약자들을 위해 투쟁하라.

필요한 사람들에게 도움을 주고도 공격을 받을 수 있다.

그래도 도움을 주라.'

인도 캘커타 어린이집에 붙어 있는 글로, 사람들이 마더 테레사가 쓴 시라고 생각하는 켄트 M. 키스의 〈그럼에도 불구하고〉라는 시의 일부이다. 이 시를 누가 썼는지 아는 것도 중요하지만 정말 중요한 것은 '그럼에도 불구하고'라는 마음이다.

세상을 살다보면 최선을 다해 바르게 살아도 사람들은 그 마음을 곧이곧대로 받아주지 않고, 삐딱한 눈으로 너를 볼 때도 있다. '그럼에도 불구하고' 꿋꿋이 네 길을 가라. 세상의 어떤 말보다 네 자신에게 솔직하고 당당하다면 언젠가는 최고의 선물이 너를 기다릴테니.

나는 언제나 네 편

지금까지 이 지구상에 너와 같은 사람은 존재하지 않았고,
앞으로도 존재하지 않을 것이다.
이 말은 지구상에 존재하는 모든 사람들에게 똑같이 적용된다.
하지만 그로 인해 너의 특별함이 줄어들지는 않는다.
그리고 마지막으로 네게 해주고 싶은 말이 있다.
릴리야, 사랑한다.
나는 네가 어떤 인생을 살든 너를 응원할 것이다.
그러니 아무것도 두려워하지 말고 네 날개를 마음껏 펼치거라.
두려워 할 것은 두려움 그 자체뿐이다.
-앨런 맥팔레인, 《손녀딸 릴리에게 주는 편지》 중에서

네가 태어날 때 넌 울었지만, 사람들은 모두 기뻐했다. 네가 죽을 때 넌 기뻐하고, 사람들은 울도록 인생을 살아라. 너의 그런 인생을 위하여 네가 어디에 있든, 무엇을 하든, 언제나 너를 응원하는 누군가가 네 곁에 있다는 것을 기억하라. 너 또한 누군가에게 그런 응원의 목소리를 끊임없이 전해주기를….

나는 언제나
네 편이란다.

지금 꿈꾸라, 사랑하라, 행복하라

ⓒ 황중환, 2012

초판 1쇄 발행 2012년 8월 22일
초판 4쇄 발행 2013년 7월 29일

글 · 그림 황중환
펴낸이 이경희

발행 글로세움
출판등록 제318-2003-00064호(2003.7.2)

주소 서울시 마포구 연남동 488-11 HnL 301호
전화 02-323-3694~5
팩스 02-323-3697
메일 editor@gloseum.com
홈페이지 www.gloseum.com

ISBN 978-89-97222-16-2 13320

• 잘못된 책은 구입하신 서점이나 본사로 연락하시면 바꿔 드립니다.